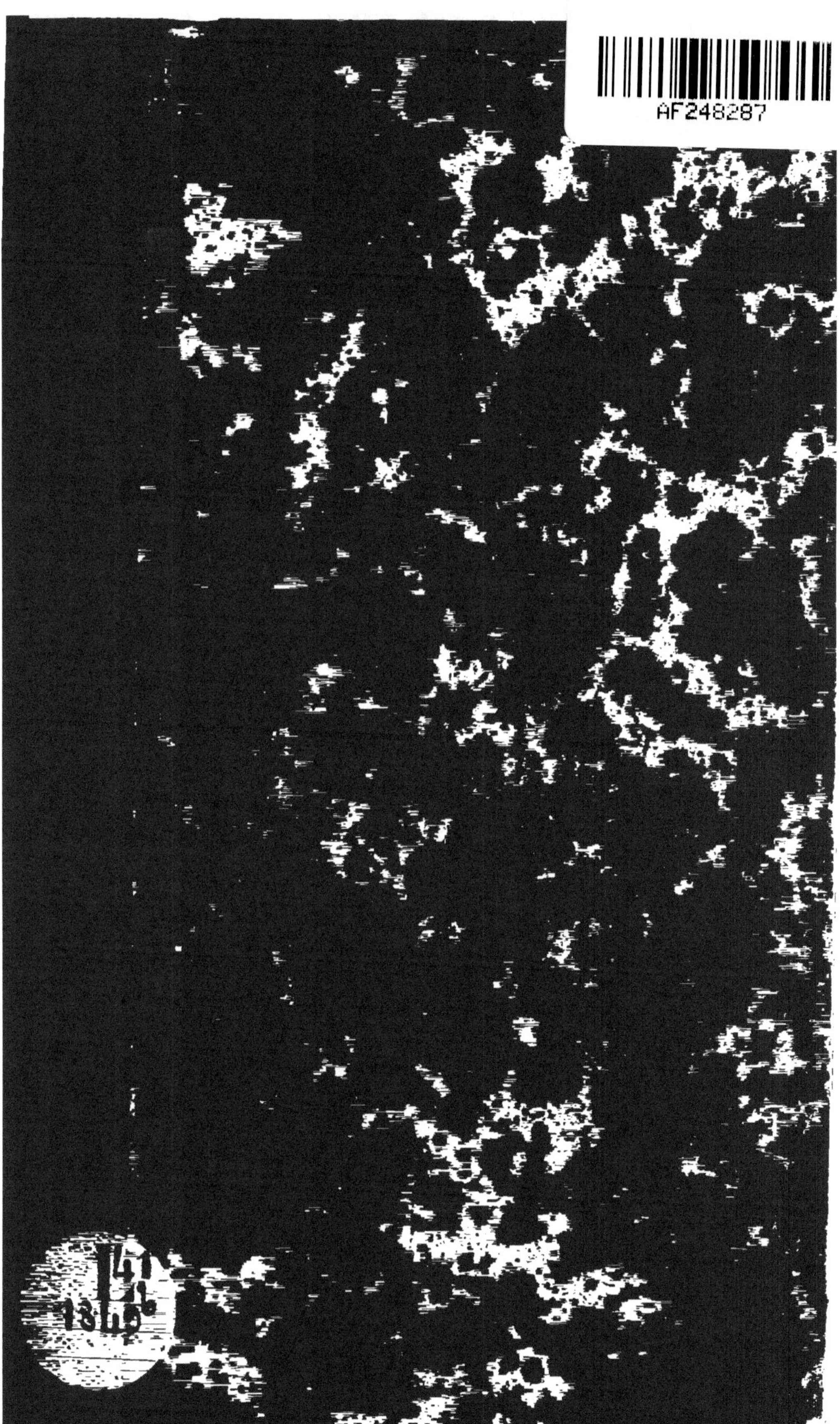

AF248287

PREUVES AUTHENTIQUES

DE LA MORT

DU

JEUNE LOUIS XVII;

DÉTAILS SUR SES DERNIERS MOMENS ;
PIÈCES JUSTIFICATIVES, DOCUMENS INÉDITS,

ET

RÉFUTATION DES MÉMOIRES

DU SOI – DISANT

DUC DE NORMANDIE,

FILS DE LOUIS XVI.

PAR A. ANTOINE (DE SAINT-GERVAIS),
Auteur de la *Vie du jeune Louis XVII*, de l'*Histoire des Émigrés Français*, etc.

L'Histoire vengera les opprimés , en flétrissant de lâches , d'odieux calomniateurs.
M. DE JAILLY ,
Une Année de la France.

PARIS,

CHEZ L.-F. HIVERT, LIBRAIRE,
QUAI DES AUGUSTINS, N° 55.

SEPTEMBRE **1831.**

PRÉFACE.

L'art romanesque a malheureusement prêté à l'histoire ses ornemens, son fard, ses fictions, son faux merveilleux. Cet inconvénient est peu de chose néanmoins, parce qu'enfin on sait, ou l'on doit savoir qu'un roman historique n'est que de l'histoire arrangée au gré de l'auteur, sans nul assujétissement rigoureux pour la réalité des faits avancés, leurs coïncidences ou leurs résultats.

Mais ce qui est vraiment déplorable, c'est cette audace d'écrivains sans pudeur qui en sont venus au point de ne plus reculer devant la criminelle idée d'emprunter, d'usurper même les nôms les plus augustes, pour les accoler aux inventions de leur imagination en délire. Ainsi, nous avons vu de lâches calomniateurs, dans des compositions récentes, revenir scandaleusement sur le compte de l'auguste et infortunée Marie-Antoinette, reine de France, pour l'attaquer dans son honneur, afin de contester la paternité à son royal époux.

Nous avons vu des hommes de parti supposer affirmativement la substitution d'un enfant mâle à une fille qu'aurait mise au monde l'impératrice Marie-Louise, le 20 mars 1811.

Il nous semble entendre encore ces cris d'une horde soudoyée, en août 1830, pour faire retentir dans toutes les rues de la capitale une prétendue protestation de M. le duc d'Orléans contre la légitimité de naissance de ce noble rejeton que la France salua du nom de Henri, son immortel aïeul.

Qui aura lu Maria Stella ne peut-il pas avoir quelques

doutes que le prince qui occupe le trône de France n'est autre que le fils de l'Italien Chiappini ?

Un sieur Labreli de Fontaine, bibliothécaire de feue madame la duchesse d'Orléans douairière, écrit sérieusement qu'il satisfait au cri de sa conscience alarmée, en affirmant que Louis XVII vit, qu'il l'a vu, qu'il lui a parlé, et qu'il est dépositaire de pièces authentiques constatant son existence. Il fallait donc les produire, ces pièces.

Enfin, pour couronner l'œuvre, voici un spéculateur qui, signant effrontément le nom du fils de Louis XVI, vient nous dire : Je suis ce prince que vous croyez mort ; non, je ne repose point dans la paix des tombeaux ; je suis vivant !

Nous avons sous les yeux le livre portant le titre de MÉ-MOIRES DU DUC DE NORMANDIE, FILS DE LOUIS XVI, *depuis sa naissance jusqu'à ce jour, écrits et publiés par lui-même en juillet* 1831. En apposant sur chaque exemplaire desdits Mémoires une signature qui ne lui appartient pas, l'auteur de ce roman se fie bien sur ce que celui dont il vole le nom ne reviendra point de l'autre monde lui intenter un procès de faux en écriture. Nous-même, nous ne nous serions pas occupé de son ouvrage, si son imagination ne l'avait porté qu'à forger des aventures plus ou moins croyables pour captiver l'attention des lecteurs bénévoles. Mais des imputations odieuses ont découlé de sa plume ; il n'a pas rougi de répéter d'infames calomnies contre des princes dont la postérité vénérera la mémoire, et d'en mettre de nouvelles dans la bouche du héros de son roman. Oh ! dès-lors, quoique sous ce rapport son livre nous ait paru dégoûtant, nous n'avons pas cru devoir nous borner à le jeter de côté. Non, nous ne garderons pas le silence sur les lâches atrocités qui s'y trouvent consignées; il faut que l'honnête homme démasque la perfidie de ces êtres acharnés à répandre le poison dont leur ame est infectée.

Personne n'était plus à même que nous de réfuter ces Mémoires du soi-disant fils de Louis XVI, par les documens que nous possédons à l'égard de cette innocente victime de la révolution.

En 1817, le roi témoigna le désir qu'on recherchât les personnes encore existantes qui s'étaient fait connaître avantageusement par leur conduite envers le jeune prisonnier de la tour du Temple : nous fûmes chargés de ce soin. Parmi les divers personnages avec lesquels cela nous mit en relation, nous citerons MM. Dumangin et Pelletan : on se convaincra par les documens inédits que nous publions de ces célèbres docteurs, dont la science médicale a adouci l'agonie du jeune captif, qu'il est hors de doute que c'est bien Louis-Charles, duc de Normandie, puis dauphin de France, qui a reçu leurs soins dans ses derniers momens.

Nous avons vu aussi les commissaires placés auprès de Madame Royale et de son frère, lorsqu'on tira ces prisonniers du barbare isolement dans lequel on les avait abandonnés à eux-mêmes; les détails qu'ils nous ont transmis et que nous publions pour la première fois ne peuvent manquer d'intéresser nos lecteurs.

La Simon, femme du municipal, cordonnier de son état, qui fut le gardien de Louis XVII lorsqu'on arracha cet enfant des bras de l'auguste Marie-Antoinette, sa mère; la Simon, disons-nous, était un être important à consulter : nous n'avons point négligé de le faire, et nous nous sommes félicité de ce qu'elle existait encore en 1817 :

Nous attachons quelque importance à cette brochure

attendu qu'elle peut prévenir de fausses idées dans l'esprit des hommes qu'on cherche constamment à tromper sur le caractère du roi législateur et des princes de cette auguste race. Il n'était encore venu à l'imagination de personne de faire parler le prince de Condé comme un jacobin, et de prêter à son noble fils, le duc de Bourbon, des idées dignes des vieux clubistes de 1793 : c'est ce qu'a fait l'auteur des Mémoires, et c'est pourquoi nous entreprenons de prouver que son livre n'est qu'un arsenal de mensonge.

Nous croyons avoir travaillé dans l'intérêt de la France, en réfutant ces prétendus Mémoires qui tendraient à jeter parmi nous de nouvelles désunions, s'ils étaient dignes de la plus légère croyance. Quand notre malheureuse patrie est déja si divisée d'opinions politiques, puisque nous comptons la haute classe des partisans de la légitimité, puis celles des orléanistes, des napoléonistes et des républicains, voudrait-on créer un autre parti pour le soi-disant duc de Normandie ? non, non ; cette publication d'une œuvre où la calomnie se développe à chaque page a un tout autre but : celui d'outrager une dynastie malheureuse. Quant à nous, au contraire, nous éprouvons plus d'amour, en raison de son infortune.

Nous espérons voir notre travail accueilli par toutes les ames honnêtes, et nous sommes persuadé que les nouveaux documens que nous publions ne seront pas indifférens pour les historiens présens et à venir.

———

PREUVES AUTHENTIQUES

DE LA MORT

DU JEUNE LOUIS XVII.

Ce n'est pas de nos jours seulement qu'il est dans la destinée des personnages qui occupent un trône ou qui y ont des droits, de trouver des Sosies assez audacieux pour jouer eux-mêmes le rôle de ces personnages en diverses circonstances , soit par intrigue, soit par folie. Louis XVII , a prêté plus que tout autre à la facilité de se travestir sous son nom, parce que mort à la fleur de l'âge dans l'intérieur d'un donjon , une fois la fable de son évasion lancée au milieu d'un public crédule, qui a pu prendre son masque , ne trouvait pas une grande difficulté à dire : Je suis cet enfant qui jadis fut séquestré ; et avec un peu d'imagination on bâtissait une fable pour ce qu'on était devenu après l'évasion. Un auteur, M. Simien-Despréaux , qui en 1817 a publié un livre sous le titre de *Louis XVII* , raconte qu'en 1802 un jeune homme qui avait quelques traits de ressemblance avec Louis XVII, après avoir parcouru la Vendée vint à Paris , prit des informations sur la femme Simon , et sachant qu'elle était retirée à l'hospice des Incurables , il alla la trouver, et lui dit qu'il était son ancien petit prisonnier du Temple. « Eh bien ! me reconnais-
« sez-vous ? — Sans doute. Ce cher enfant ! comme
« il est fort, comme il est grandi , comme il est

« beau ! on a pourtant soutenu que je vous avais
« maltraité, que je vous avais fait souffrir et que
« vous étiez mort à la suite des mauvais traitemens
« de mon mari et de moi. Voyez la calomnie. »
Ce jeune homme la rassura, lui dit qu'il ne se rap-
pelait point du tout avoir été maltraité par elle,
qu'il lui rendrait justice à cet égard, et que dans
l'occasion il comptait aussi sur son témoignage.
Napoléon Bonaparte, alors premier consul, fit
arrêter ce jeune homme et ordonna qu'il fût enfermé à Bicêtre, d'où il ne sortit qu'après avoir fait
la promesse de ne plus abuser le public.

Sans parler d'Hervagault ni de Mathurin Bru-
neau, faux dauphins, dont les procès ont fait tant
de bruit depuis la restauration, on a aussi fait mention d'un ancien militaire, nommé Persat, ainsi
que d'un maçon de Lyon, nommé Fontolive, qui
prétendaient se faire passer pour le fils de
Louis XVI.

D'autres individus, à force de songer sans doute
que le dauphin existait, se sont détraqué le cerveau au point de se considérer eux-mêmes comme
étant ce prince. Le 18 février 1818, à six heures
du soir, un homme de la taille de cinq pieds
six pouces environ, d'une belle figure, vêtu élé-
gamment, se présentant et s'exprimant fort bien,
entre aux Tuileries malgré les consignes. Il se présente d'abord au pavillon Marsan, demandant à
parler à madame la duchesse d'Angoulême. Sur le
refus du portier de le laisser pénétrer, il lui remit
une lettre pour cette princesse. Il se dirigea ensuite
vers le pavillon de Flore où il entra avec tant d'as-

surance qu'on le prit pour un homme attaché au château, et, en suivant les garçons de service qui portaient le dîner de la famille royale, il arriva avec eux jusque dans la salle où se tiennent les gardes-du-corps, et qui précède la salle à manger. Là on lui demande où il va ? il répond : Chez le roi, — Ce qu'il veut ? Qu'il veut parler au roi. — Qui il est ? Je suis Charles de Navarre.

On l'entoure et on le reconduit au bas de l'escalier. Il prie alors l'officier de le faire parler au roi : « Si vous me rendez ce service, lui dit-il, « votre fortune est faite. » On le conduit au poste de la garde royale, là il offre 5oo francs au commandant s'il remet une lettre qu'il lui présente pour le roi. On le fouille ; mais rien ne fait présumer qu'il eût une intention criminelle, car on ne trouve sur lui que de l'or et des lettres à différentes adresses. La perquisition exercée sur sa personne ne lui fait pas changer son ton de politesse, et il insiste toujours pour être conduit vers le roi, qui, disait-il, le reconnaîtrait de suite pour Charles de Navarre à une marque particulière, à une cicatrice qu'il lui montrerait. Du corps-de-garde on le conduit à l'état-major du maréchal de service, où se rend M. le comte de Montsoreau, grand prévôt de la maison du roi ; et enfin l'on découvre que le prétendu Louis XVII est le neveu de M. Dufresne Saint - Léon, sujet à des accès d'aliénation mentale.

Deux ans après, et encore dans le mois de février, un sieur R...., huissier de la ville d'Uzès, se trouvant à Paris, fut de même arrêté aux Tui-

leries. Cet autre fou se disait aussi fils de Louis XVI ;
mais il prétendait être envoyé du firmament pour
se faire reconnaître. Il avait demandé dans quelle
partie du château était logé son oncle Louis XVIII,
et il débitait mille extravagances.

Existe-t-il réellement à Luxembourg, en Bel-
gique, un individu qui prétende être le duc de
Normandie? ou bien l'auteur des Mémoires qui
viennent de paraître sous ce nom est-il simplement
un spéculateur sordide, un de ces écrivains mal
pensant pour lesquels c'est un plaisir, un bonheur
d'outrager l'auguste famille des Bourbons ? C'est
ce qu'il nous importe peu de savoir : il nous suffira
de prouver aux lecteurs de ce livre que Louis
Charles, fils de Louis XVI, repose dans la tombe
depuis juin 1795. On sait que ce prince, né au pa-
lais de Versailles le 27 mars 1785, reçut en venant
au monde le titre de duc de Normandie, qu'il porta
jusqu'en juin 1789, époque de la mort de son frère
aîné, dauphin de France, dont il hérita du titre
et des droits à la couronne.

Celui qui vient nous dire aujourd'hui : C'est moi
qui suis ce prince, *je suis vivant*, nous ferait lui-
même en douter, lorsqu'au début de son livre il
raconte que c'est au retour du voyage de Varennes que sa famille fut conduite dans l'ancien
couvent des Feuillans, et ensuite transférée au
Temple. Entre le voyage de Varennes et le 10 août,
il y eut les fêtes de l'acceptation de la constitu-
tion de 1791, puis la hideuse insurrection du
20 juin 1792 ; deux époques assez rapprochées
l'une de l'autre, et trop bien gravées dans l'esprit

du dauphin pour qu'il en perdît jamais la mémoire.

On sait qu'après la mort de Louis XVI, le jeune prisonnier fut arraché des bras de son auguste mère, et qu'il fut remis, le 6 juillet 1793, entre les mains d'un municipal, nommé Simon, cordonnier de son état, qui amena avec lui sa femme dans la tour du Temple ; et que ces deux êtres ignobles se plurent à tourmenter la belle ame de cet enfant pour le forcer de descendre à leur niveau. Le faux duc nous dit que Simon l'ayant habitué à jurer, il n'a pu se défaire de cette habitude malgré ses efforts et une attention soutenue. Cela seul prouverait encore qu'il n'est point ce qu'il dit être, car le fils de Louis XVI s'est hâtivement défait des défauts qu'on avait cherché à lui faire contracter, du moment qu'il a été délivré de la contrainte des êtres vils qui le forçaient à prendre leurs dégoûtantes manières.

A cette époque, on ne souffrait point le cumul des fonctions ni des appointemens. Forcé d'opter entre la place de municipal et celle de gardien du dauphin, Simon préféra la première, et quitta le Temple le 19 janvier 1794 : il fut dressé procès-verbal de la remise qu'il fit de l'enfant qui avait été confié à sa garde. Dès lors cet enfant fut absolument abandonné à lui-même dans sa chambre, renfermé sous clef et verroux, on lui passait ses vivres par un guichet pratiqué à cet effet ; et c'est également à ce guichet où les municipaux l'appelaient chaque soir, que ceux qui arrivaient au Temple le prenaient sous leur responsabilité pour vingt-quatre heures.

L'auteur des Mémoires raconte qu'un aide-de-camp du prince de Condé vint à Paris, se lia avec le concierge du Temple et les autres gardiens, et parvint à corrompre la femme Simon par l'appât de l'or, pour qu'elle consentît à l'enlèvement du captif. Il fait fabriquer un cheval de carton, se procure un enfant du même âge que le dauphin, lui fait avaler une dose d'opium suffisante pour l'endormir plusieurs heures, le met dans le ventre du cheval et le porte ainsi dans la tour ou il pénétrait sans difficulté. On avait choisi l'instant ou Simon était absent. L'aide-de-camp sort du ventre du cheval l'enfant endormi, y fourre à sa place le prisonnier, et la femme Simon le renvoie aussitôt avec son joujou, affectant beaucoup de colère de ce qu'il lui apportait cet objet qu'elle ne voulait tout au plus recevoir que quand son mari serait rentré. Voilà donc le cheval et son contenu hors du Temple.

Mais en admettant que la femme Simon eût été gagnée à prix d'argent, à l'insu de son mari, celui-ci, dont on a profité d'un moment d'absence, a donc aussitôt son retour adopté, sans mot dire, l'enfant endormi qu'on a substitué au fils de Louis XVI? Ne sait-on pas qu'il y allait de sa vie? Eh bien! quand même un fait aussi invraisemblable aurait eu lieu, Simon n'était-il pas entouré lui-même d'officiers municipaux qui connaissaient parfaitement le jeune prisonnier. Le commandant de la section du Temple avait aussi l'enfant sous sa responsabilité, et il se présentait journellement dans la tour; c'était un nommé La Bazanerie, charpentier de son état. Tous ces gens eussent exposé leur tête en gardant le silence sur la substitution ; et certes ce n'est point une chose que l'on risque volontiers, surtout quand on n'est pas seul initié dans un mystère de cette importance , et que l'on peut avoir la juste appréhension de devenir la victime d'un autre confident moins discret que soi.

Le soi-disant duc de Normandie aurait bien dû nous donner la date de son enlèvement; l'époque d'un tel évènement est une chose trop remarquable pour qu'il pût l'ignorer. Simon et sa femme ont été installés dans la tour du Temple le 6 juillet 1793; ils en sont sortis le 19 janvier 1794 ; c'est donc forcément dans cet intervalle que l'enlèvement aurait eu lieu. Dans ses Mémoires, il prétend avoir subi dans la tour cet abandon barbare dont nous avons parlé; c'est un contre-sens inimaginable, puisqu'il annonce avoir été enlevé par la coopération de la Simon, et qu'il est notoire que le dauphin n'a été renfermé absolument seul dans une chambre qu'après le départ de son féroce gardien. Il dit en outre : « La femme Simon déclare publiquement , « à plusieurs reprises à qui veut l'entendre, que « j'ai été enlevé, comment et à quelle époque. Ren- « fermée à la Salpêtrière comme folle , elle périt « victime de ses indiscrétions. »

L'infame Simon a porté sa tête coupable sur l'échafaud avec tous les municipaux qui s'étaient ralliés à Robespierre le 9 thermidor; et par suite, sa veuve fut placée, non à la Salpêtrière, mais à l'hospice des Incurables, rue de Sèvres, où elle a toujours joui de la plénitude de sa raison. Elle n'y a point péri victime de ses indiscrétions, car elle n'a jamais dit avoir favorisé l'évasion du fils de Louis XVI. Le 23 avril 1817, vingt-trois ans après la sortie de la Simon du Temple, nous nous transportâmes aux Incurables, salle Sainte-Hélène, où nous eûmes un long entretien avec cette femme : elle nous parla avec attendrissement de celui qu'elle appelait encore *son cher enfant.* Elle avait dans l'idée qu'on était parvenu à l'enlever du Temple, par la raison que l'individu dont nous avons parlé, qui était venu la voir en 1802, lui avait donné l'assurance qu'il était son ancien petit prisonnier ; mais loin de se glorifier d'avoir coopéré à sa délivrance, elle disait au contraire l'avoir laissé dans la tour, à son grand regret, par l'attachement qu'elle avait pris pour lui. Nous remarquâmes dans le langage, dans les manières comme dans tout l'ensemble de sa personne, tout ce que la basse extraction peut offrir d'ignoble ; accablée d'ans et d'infirmités, ne pouvant en outre se dissimuler tout l'odieux attaché au nom de Simon, elle achevait péniblement sa carrière, mais sans être tourmentée par qui que ce soit dans la maison ; les charitables sœurs attachées à cet établissement, pénétrées de la morale évangélique, n'auraient pas toléré qu'elle éprouvât la plus légère mortification relativement à sa conduite révolutionnaire.

« Ce qui m'étonne, dit le faux duc de Norman-
« die, c'est qu'il ne soit jamais venu dans l'idée
« de personne de faire des questions à l'enfant in-
« troduit dans le cheval de carton, on en aurait

« tiré des éclaircissemens qui auraient mis sur la
« voie pour retrouver l'endroit où on l'avait
« pris. » Son étonnement n'aurait pas lieu s'il se
donnait la peine de lire le rapport extrêmement
intéressant qu'a publié le député Harmand (de la
Meuse), relaté dans la *Vie du jeune Louis XVII*,
publiée par nous en 1815, et qui est à sa qua-
trième édition (1). Non - seulement ce rapport
prouve la présence du fils de Louis XVI dans la
tour du Temple en février 1795, mais en outre
il donne une idée aussi positive qu'extraordinaire
de la fermeté de caractère de ce jeune prince.

Selon les Mémoires, l'aide-de-camp du prince
de Condé conduit d'abord le fils de Louis XVI
dans la Vendée, et il passe quelques semaines
auprès du célèbre général Charette. Il est certain
que les chefs de la Vendée ne négligèrent point de
chercher à soustraire les enfans du roi - martyr
à leur affreuse captivité. Des étrangers pleins d'humanité, et notamment des Anglais, fournirent avec
empressement des sommes considérables pour parvenir à ce but. Nous citerons particulièrement une
dame Alkins, que nous avons connue à Paris, laquelle étant liée avec M. le comte de Frotté, mit
sa fortune entière à la disposition de ce général
vendéen, dans l'espoir de briser les fers des jeunes
prisonniers du Temple. A la fable des Mémoires
du faux duc, opposons la vérité historique. Après
la fameuse journée du 9 thermidor (27 juil-

---

(1) Un volume in-18., chez Blanchard, libraire, quai de
l'École, n° 10. Prix : 1 fr. 25 c.

★★

let 1794), il y eut des pourparlers qui amenèrent d'abord la convention à proclamer le 2 décembre une amnistie en faveur des Vendéens qui déposeraient les armes, et déterminèrent ensuite le général Charette à conclure un traité avec la convention le 15 janvier 1795. Mais le 26 juin suivant, ce même général publia la proclamation suivante, datée de son camp de Belleville :

« Le moment est venu de déchirer le voile qui couvre depuis long-temps les véritables causes secrètes du traité de la pacification de la Vendée, et de faire connaître aux braves Vendéens, à tous les bons Français et à l'Europe entière, les motifs qui nous ont conduit à cette apparence de conciliation avec la soi disant république française.

« Des délégués de la convention nous sont envoyés. Canclaux, général des armées républicaines; Ruelle, représentant du peuple, se présentent d'abord à nous sous les dehors de la bonne foi, de l'humanité, de la sensibilité; ils nous proposent la paix. Ils connaissent les causes et les motifs qui nous ont mis les armes à la main ; notre amour constant pour le malheureux rejeton de nos rois, et notre attachement inviolable pour la religion de nos pères ; ils nous entraînent dans plusieurs conférences secrètes.

« Vos vœux seront accomplis, nous disent-ils ;
« nous pensons comme vous ; nos désirs les plus
« chers sont les vôtres ; ne travaillez plus isolément ;
« travaillons de concert, et dans six mois au plus
« nous serons tous au comble de nos vœux, Louis
« XVII sera sur le trône; nous ferons arrêter et

« disparaître les jacobins et les maratistes ; la mo-
« narchie s'établira sur les ruines de l'anarchie po-
« pulaire. Vous ajouterez à votre gloire celle
« d'avoir concouru et aidé immédiatement à cet
« heureux changement, au bonheur de votre pays
« et de la France entière. »

« Les représentans Morison, Gaudin, Delau-
nay et autres, nous manifestent les mêmes inten-
tions, nous persuadant qu'elles sont celles de la
convention ; mais que, pour y parvenir, il faut de
la prudence et de la circonspection.

« Alors nous avons senti la joie renaître dans
notre cœur ; nous avons senti plus vivement encore que nous étions Français ; nous avons cru
toucher au moment de voir renaître la douce tran-
quillité dans ces lieux infortunés, que le fer et la
flamme ont épargnés à moitié.

« Mais quel a été notre étonnement, ou plutôt
quelle a été notre indignation, lorsque nous avons
vu notre confiance trompée par ces hommes ver-
satiles, de mauvaise foi et toujours cruels ennemis ; lorsque nous avons vu l'arrestation des
chefs des Vendéens, désarmer nos soldats, enlever
nos subsistances, commettre des hostilités en tout
genre, et rappeler à grands cris les désordres et
les horreurs de la guerre civile ; lorsque nous
avons appris que le fils infortuné de notre malheureux monarque, NOTRE ROI, avait été empoisonné
par cette secte impie et barbare, qui, loin d'être
anéantie, désole encore ce royaume (empoisonné
par maltraitemens, défaut de nourriture, et une
malpropreté mortelle).

« Qu'avons-nous dû faire alors? ce que l'honneur et notre attachement inviolable au trône et à l'autel nous ont dicté; ce que le peuple même, plus que jamais irrité, a demandé et désiré. Nous avons repris les armes, et renouvelé le serment, à jamais irréfragable, de ne les déposer que lorsque l'héritier présomptif de la couronne de France sera sur le trône de ses pères, que lorsque la religion catholique sera reconnue et fidèlement protégée.

« O Français! qui méritez encore ce nom-là, jugez de notre conduite et de nos sentimens : ralliez-vous à nous, ou plutôt imitez-nous. Sortez enfin de cette lâche apathie dans laquelle vous languissez depuis si long-temps. Ralliez-vous au centre commun de l'honneur et de la gloire des Français. »

Quand on voit se déployer d'aussi beaux, d'aussi grands caractères, on n'est pas étonné que Napoléon, qui se connaissait en héroïsme, ait donné le glorieux surnom de PEUPLE-GÉANT à la population vendéenne. Cette proclamation est une preuve convaincante que le fils de Louis XVI n'a pu paraître dans la Vendée; et certes, ce ne sera pas le faux duc qui sera jamais apte à donner un brevet d'imposteur à un guerrier tel que l'illustre général Charette.

Le romancier annonce ensuite dans ses Mémoires qu'il est conduit auprès du prince de Condé, et lorsqu'il lui parle des frères de Louis XVI, le prince lui dit : « Le ciel vous préserve d'être ja-
« mais obligé d'avoir recours à vos oncles ! Vous

« saurez un jour le cas qu'on en doit faire et la
« part déplorable que l'un d'eux a prise aux mal-
« heurs de notre maison, et vous frémirez. » S'il
y a de quoi frémir, c'est qu'on ose mettre de semblables paroles dans la bouche du prince de Condé.
Mais une fois entré dans ses lâches diffamations,
le romancier continue, en disant que « le comte
« de Lille (Louis XVIII portait alors ce titre)
« était en correspondance avec Robespierre et au-
« tres révolutionnaires qui n'étaient que ses agens;
« qu'il était de complicité avec les ducs d'Orléans
« et de Chartres; qu'il n'était pas aussi étranger
« qu'il affectait de le paraître aux intrigues qui
« avaient précipité Louis XVI de son trône, et à
« l'attentat horrible qui en fut la suite; enfin qu'il
« n'avait pas rougi de se vautrer, pour ainsi dire,
« dans le sang de ses concitoyens et de son propre
« frère. »

Lorsque cet auteur suppose une conduite si exé-
crable à Louis XVIII, comment son imagination
déréglée ose-t-elle mettre de complicité le duc de
Chartres, à peine dans sa seizième année quand la
révolution éclata, et qui aujourd'hui, élevé au
trône par de cruelles circonstances, ne doit pas
voir sans horreur une si infame assertion !

En vérité, il faut avoir répudié tout sentiment
d'honneur pour répéter aujourd'hui ces mons-
truosités, qui ont pris leur source dans l'ame im-
pure de nos plus fameux anarchistes. Il est du devoir de tout honnête homme de *stigmatiser* les
misérables qui se font un jeu d'aller ramasser dans
la fange révolutionnaire les plus dégoûtantes dia-

tribes, pour les reproduire et nous en infecter, comme aux temps horribles de la terreur. M. le romancier, votre héros aurait pu entendre un pareil langage dans les clubs des hommes coiffés du bonnet des galériens; mais à l'armée de Condé ! vous prouvez par cela même qu'il n'y a jamais été conduit. Ecoutez le discours prononcé par le Nestor français à ses compagnons d'armes, le 16 juin 1795, au milieu de son camp de Steinstadt :

« Messieurs, à peine les tombeaux de l'infortuné Louis XVI, de son auguste compagne et de leur respectable sœur se sont-ils refermés, que nous les voyons se r'ouvrir pour réunir à ces illustres victimes l'objet le plus intéressant de notre amour, de nos espérances et de nos respects; ce jeune rejeton de tant de rois, dont la naissance seule paraissait annoncer le bonheur de ses sujets, puisqu'il était formé du sang de Henri IV et de Marie-Thérèse, vient de succomber sous le poids de ses fers et de sa cruelle existence. Ce n'est malheureusement pas la première fois que j'ai eu à vous rappeler qu'il est de principe que le roi ne meurt jamais en France; jurons donc au prince auguste qui devient aujourd'hui le nôtre de verser jusqu'à la dernière goutte de notre sang, pour lui prouver cette fidélité sans bornes, cette soumission entière, cet attachement inaltérable que nous lui devons à tant de titres, et dont nos ames sont pénétrées. Nos vœux vont se manifester par ce cri qui part du cœur, et qu'un sentiment profond a rendu si naturel à tous les Français; ce cri qui fut toujours le présage comme le résultat de vos succès, et que les républicains n'ont jamais entendu sans stupeur comme sans remords.

« Après avoir invoqué le Dieu des miséricordes pour le roi que nous perdons, nous allons prier le Dieu des armées de prolonger les jours du roi qu'il nous donne, et de raffermir la couronne de France sur sa tête par des victoires, s'il le faut, et plus encore, s'il est possible, par le repentir de ses sujets et par l'heureux accord de sa clémence et de sa justice.

« Messieurs, le roi Louis XVII est mort, vive le roi Louis XVIII ! »

Comment ! quoique bien certain que ce n'est point le duc de Normandie qui est décédé dans la tour du Temple, le prince de Condé dresse ainsi lui-même, aux yeux du monde entier, l'acte mortuaire de son protégé ! L'auteur des Mémoires ne fait aucune mention de cet acte. Il nous dira peut-être que la politique forçait le prince à tenir ce langage, puisque Louis XVIII n'aimait pas et ne voulait ni reconnaître ni protéger son neveu. Mais un Condé qui s'en était déclaré le protecteur, un Condé qui se trouvait à la tête de la noblesse française sous les armes, pouvait bien le prendre ostensiblement sous sa tutelle, au lieu de le déclarer mort.

Le duc nous dit être passé des mains du prince de Condé dans celles du général Kléber, auprès duquel il est conduit à Mayence ; mais nous lui ferons observer qu'à l'époque où l'on place son enlèvement de la tour du Temple (de juillet 93 à janvier 94), Kléber se trouvait à l'armée qui combattait contre les Vendéens.

« Après le 9 thermidor et la chute de Robes-
« pierre, dit l'auteur des Mémoires, le directoire
« avait changé les gardiens du Temple; en mon-
« trant à ceux-ci l'enfant mis à ma place et ma sœur,
« il leur avait été prescrit d'avoir pour eux tous
« les égards dus à la position de ces deux infortu-
« nés. Ces ordres furent sans doute exécutés; mais
« ils ne pouvaient concerner que ceux qui étaient
« sous les verroux. Les directeurs, qui ignoraient
« mon enlèvement, pensèrent naturellement que
« j'étais encore au Temple, et ils n'avaient nulle
« raison d'en douter. Ce ne fut que le procès-ver-
« bal du docteur Dussault qui les détrompa; aussi
« se hâta-t-on de s'en débarrasser. Dussault m'a-
« vait vu autrefois; il me connaissait parfaitement,
« et il lui fut facile de reconnaître que l'enfant
« qu'on lui présentait n'était pas moi. Cette dé-
« couverte mit les directeurs en émoi. »

Quand le directoire fut établi, le premier no-
vembre 1795, il y avait cinq mois que Louis XVII
n'existait plus, puisqu'il est décédé le 8 juin de la-
dite année. Le duc de Normandie n'est donc pas
au courant de son histoire. Ensuite au 9 thermidor, qui correspond au 27 juillet 1794, les deux
prisonniers étaient abandonnés à eux-mêmes, chacun dans leur chambre; on les y laissa. Ce ne fut
qu'après la visite que fit le député Harmand, au
mois de février 1795, qu'on apporta quelque amé-
lioration au sort du fils et de la fille de Louis XVI.
Les comités de la convention nommèrent alors
deux commissaires pour garder les deux prisonniers et en prendre soin. Il fut aussi décidé qu'il

serait envoyé chaque jour un commissaire d'une des sections de Paris, pour être adjoint aux commissaires *ad hoc* pendant vingt-quatre heures. Il y avait alors quarante-huit sections, et par conséquent chaque section en fournissait un tous les quarante-huit jours, pris dans le comité civil ; de sorte que le même individu n'y est pas retourné une seconde fois. Les deux commissaires spéciaux furent d'abord les sieurs Laurent et Gomin ; ils eurent des égards pour les illustres captifs. M. Gomin fut particulièrement attaché au service de Madame Royale. Laurent quitta au bout de quelque temps, et fut remplacé par M. Lasne, entrepreneur peintre en bâtiment de son état et chef de bataillon de la section dite des droits de l'homme, sur laquelle il résidait. Cet homme, fils d'un ancien adjudant au régiment de la Marche, avait lui-même dix années de services militaires avant la révolution ; il joignait à une grande fermeté de caractère d'excellens principes d'humanité ; et c'est surtout de la date de son entrée au Temple que le fils de Louis XVI reçut des soins que personne n'avait encore osé pousser aussi loin que lui, dans la crainte de se compromettre comme royaliste ; car la convention repoussait avec menaces les prières des Français qui imploraient quelque adoucissement à la captivité des enfans de Louis XVI. Le député Mathieu fit un rapport pour annoncer publiquement que le comité de sûreté générale était étranger à toute idée d'améliorer le sort des orphelins du Temple. « Le « comité et la convention, dit-il à la tribune, sa- « vent comment on fait tomber la tête des rois ;

« mais ils ignorent comment on élève leurs en-
« fans.» Ces affreuses maximes du régicide ne pouvaient avoir accès chez un homme tel que M. Lasne,
qui s'était énergiquement prononcé comme défenseur de Louis XVI au 20 juin, au 10 août. «Croyez-
« vous que j'aie accepté ma nomination pour être
« ici l'instrument de la terreur?» Telle était sa
réponse à ceux qui cherchaient à influencer sa
conduite envers le jeune captif confié à ses soins.
On est heureux quand on peut parler de ces hommes d'honneur, qui prouvèrent qu'aux époques
les plus déplorables de notre révolution, il y
eut toujours en France des cœurs vraiment français.

M. Lasne, capitaine des grenadiers de sa section
à l'époque du 20 juin 1792, avait constamment
veillé sur les jours de la reine et de ses enfans dans
cette hideuse journée d'insurrection ; il connaissait
donc parfaitement le dauphin. Si le physique de ce
jeune infortuné était cruellement détérioré par les
longues souffrances qu'il avait endurées, sa belle
ame était la même, et ce fut un bonheur pour lui
de se retrouver avec un ancien défenseur de sa famille. M. Lasne existe; nous avons l'avantage de
le connaître, et nous savons par lui combien on
eut de peine à déterminer les conventionnels à en-
voyer au Temple le médecin Dessault pour donner
les soins de son art au jeune captif. Oui, certes,
M. Dessault eut peine à reconnaître dans le pauvre
petit rachitique qui s'offrait à sa vue, cet enfant
superbe qu'il avait admiré dans son brillant état de
santé; mais, nous le répétons, l'ame du malade

n'avait pas disparu comme sa beauté corporelle, et pendant un mois qu'il lui donna des soins assidus, qu'il jugeait trop tardifs, il eut le temps de reconnaître le fils de Louis XVI et de l'auguste Marie-Antoinette. Ses bulletins journaliers sur la situation du malade, n'ont jamais été de nature à faire naître le plus léger doute à cet égard. C'est donc bien sans fondement que l'auteur des Mémoires du duc de Normandie avance qu'un procès-verbal de ce docteur détrompa les membres du directoire sur le prisonnier du Temple, et que, pour cette cause, on se débarrassa du docteur. M. Dessault n'a point connu le gouvernement directorial : il était mort avant qu'il en fût question, et l'on serait bien en peine de produire le procès-verbal qu'on lui attribue.

On a bien prétendu dans le temps que Dessault avait été empoisonné, après avoir lui-même administré du poison à son jeune malade, d'après les suggestions de ceux qui avaient ordonné le crime. Il a été reconnu, constaté, et tout le monde convient aujourd'hui que le dauphin n'a pas été empoisonné.

En arrivant au Temple, M. Dessault eut le chagrin de voir qu'on l'appelait trop tard pour sauver son malade ; il reconnut qu'il ne pouvait qu'adoucir ses derniers momens. De son côté, le malade eut peine à se décider à prendre les potions ordonnées, soit qu'il conçût que ces soins tardifs étaient inutiles, soit que le dégoût de la vie les lui fît regarder avec indifférence. M. Lasne ne put rien obtenir à cet égard le premier jour, quoique pour l'engager à prendre ce qui était ordonné, et pour lui prouver que cela ne pouvait que lui faire du bien, lui-même prenait en sa présence un verre de cette même potion. Trois fois il réitéra cette tentative dans la même journée, toujours commençant par boire un verre de la potion qu'il faisait renouveler chaque fois : toujours même refus de la part du malade ; et cependant M. Lasne était loin de lui déplaire. Enfin le second jour, après les sollicitations les plus pressantes, son gardien ayant recommencé à boire un premier verre, il prit de ses mains celui qu'il lui présenta, en disant : « Tu « as donc juré que je le boirais ; eh bien ! donne, « je vais le boire ; » et, depuis lors, il continua de prendre avec docilité tout ce que les médecins ordonnèrent.

Dessault lui-même était dévoré d'une fièvre ataxique qui le consumait. Rentré chez lui dans là soirée du 2 juin, il se sentit tout-à-coup atteint d'un mal violent, qui l'emporta le surlendemain. Le comité de sûreté général le remplaça aussitôt par M. Pelletan, chirurgien en chef de l'Hôtel-Dieu, auquel il adjoignit M. Dumangin, médecin en chef de l'hospice de la Charité. Toutes les mesures de l'art ne pouvaient rien sur une existence usée dès son principe par les mauvais traitemens, l'abandon et les souffrances morales qui tuent autant et plus que le mal physique. L'enfant-roi ne tarda pas à rejoindre au séjour éternel ses augustes parens, et ce fut dans les bras de M. Lasne qu'il exhala son dernier soupir.

Le 21 prairial an III (9 juin 1795), le député Sovestre fit à la convention le rapport suivant au nom du comité de sûreté générale :

« Depuis quelque temps le fils de Capet était incommodé par une enflure au genou droit et au poignet gauche. Le 1er floréal (20 avril), les douleurs augmentèrent ; le malade perdit l'appétit, et la fièvre survint : le fameux Dessault, officier de santé, fut nommé pour le voir et le traiter ; ses talens et sa probité nous répondaient que rien ne manquerait aux soins qui sont dus à l'humanité.

« Cependant la maladie prenait des caractères très graves. Le 16 de ce mois (4 juin), Dessault mourut ; le comité nomma pour le remplacer le citoyen Pelletan, officier de santé très connu , et le citoyen Dumangin , premier médecin de l'hôpital de santé , lui fut adjoint.

« Leurs bulletins d'hier à onze heures du matin, annonçaient des symptômes inquiétans pour la vie du malade, et à deux heures et un quart après-midi , nous avons reçu la nouvelle de la mort du fils de Capet.

« Le comité de sûreté générale nous a chargés de vous en informer; tout est constaté. Les procès-verbaux en seront déposés aux archives. »

Le corps de l'enfant - roi fut mis dans une bière ordinaire, et porté sans aucune cérémonie religieuse au cimetière de la paroisse Sainte-Marguerite, faubourg Saint-Antoine. Le commissaire civil qui se trouvait de service à la tour du Temple, au moment du décès du jeune captif était M. Damon (1); ce commissaire ainsi que M. Lasne, ont accompagné le cercueil au cimetière. Le sieur Gilles, alors commissaire de police du quartier du Temple vint procéder au transport du cercueil, et procès-verbal de l'inhumation fut dressé par lui dans la maison curiale de Sainte-Marguerite.

Avant d'ensevelir la dépouille mortelle du prisonnier du Temple, il fut procédé à l'ouverture du corps, par ordre des comités de la convention, en présence de quatre médecins, qui en rendirent compte en ces termes :

Procès-verbal de l'ouverture du corps du fils de défunt Louis Capet, dressé à la tour du Temple, à onze heures du matin, ce 21 prairial.

« Nous soussignés, Jean-Baptiste-Eugénie Dumangin, médecin en chef de l'hospice de l'Unité, et Philippe-Jean Pelletan, chirurgien en chef du grand hospice de l'Humanité, accompagnés des citoyens Nicolas Jeanroy, professeur aux écoles de médecine de Paris, et Pierre Lassus, professeur de médecine légale à l'école de santé de Paris, que nous nous sommes adjoints en vertu d'un arrêté du comité de sûreté générale de la convention nationale, daté d'hier et signé Bergoing président, Courtois, Gauthier, Pierre Guyemard, à l'effet de procéder à l'ouverture du corps du défunt Louis Capet, en constater l'état, avons agi ainsi qu'il suit :

----

(1) M. Damon existe peut-être encore ; en 1817, il était membre du comité de bienfaisance de l'arrondissement du faubourg Saint-Martin.

« Arrivés tous les quatre à onze heures du matin à la porte extérieure du Temple, nous y avons été reçus par les commissaires qui nous ont introduits dans la tour. Parvenus au deuxième étage, dans un appartement, dans la seconde pièce duquel nous avons trouvé dans un lit le corps mort d'un enfant qui nous a paru âgé d'environ dix ans, que les commissaires nous ont dit être celui du fils du défunt Louis Capet, et que deux d'entre nous ont reconnu pour être l'enfant auquel ils donnaient des soins depuis quelques jours; les susdits commissaires nous ont déclaré que cet enfant était décédé la veille vers trois heures de relevée, sur quoi nous avons cherché à vérifier les signes de la mort, que nous avons trouvés caractérisés par la pâleur universelle, le froid de toute l'habitude du corps, la raideur des membres, les yeux ternes, les taches violettes ordinaires à la peau d'un cadavre, et surtout par une putréfaction commencée au ventre, au scrotum et au-dedans des cuisses.

« Nous avons remarqué avant de procéder à l'ouverture du corps, une maigreur générale, qui est celle du marasme ; le ventre était extrêmement tendu et météorisé. Au côté interne du genou droit, nous avons remarqué une tumeur sans changement de couleur à la peau, et une autre tumeur moins volumineuse, sur l'os radius, près le poignet du côté gauche. La tumeur du genou contenait environ deux onces d'une matière grisâtre puriforme et lymphatique, située entre le périoste et les muscles. Celle du poignet renfermait une matière de même nature, mais plus épaisse. A l'ouverture du ventre , il s'est écoulé plus d'une pinte de sérosité purulente , jaunâtre et très fétide ; les intestins étaient météorisés , pâles, adhérens les uns aux autres , ainsi qu'aux parois de cette cavité. Ils étaient parsemés d'une grande quantités de tubercules de diverses grosseurs, et qui ont présenté à leur ouverture, la même matière que celle contenue dans les dépôts extérieurs du genou et du poignet.

« Les intestins ouverts dans toute leur longueur, étaient très sains intérieurement , ne contenaient qu'une très petite quantité de matière bilieuse. L'estomac nous a présenté le même état. Il était adhérent à toutes les parties environnantes, pâle au-dehors, parsemé de petits tubercules lymphatiques, semblables à ceux de la surface des intestins. Sa membrane intérieure était saine , ainsi que le pylore et l'œsophage ; le foie était adhérent par sa convexité aux viscères qu'il recouvre. Sa substance était saine , son volume ordinaire , la vésicule du fiel médiocrement remplie d'une bile de couleur vert foncé. La rate, le pancréas , les reins et la vessie étaient sains , l'épiploon et le mésentère dépourvus de graisse , étaient remplis de tubercules lymphatiques, semblables à ceux dont il a été parlé ; de pareilles tumeurs étaient disséminées dans l'épaisseur du péritoine , recouvrant la face intérieure du diaphragme : ce muscle était sain.

« Les poumons adhéraient par toute leur surface à la plèvre, au diaphragme et au péricarde ; leur substance était saine et sans tubercules ; il y en avait seulement quelques-uns aux environs de la trachée-artère et de l'œsophage. Le péricarde contenait la quantité ordinaire de sérosité ; le cœur était pâle , mais dans l'état naturel.

« Le cerveau et ses dépendances étaient dans leur plus parfaite intégrité. Tous les désordres dont nous venons de donner le détail, sont évidemment l'effet d'un vice scrophuleux existant depuis long-temps , et auquel on doit attribuer la mort de l'enfant.

« Le présent procès-verbal a été fait et clos à Paris , au lieu susdit , par les soussignés , à quatre heures et demie de relevée, les jour et an que dessus. »

Signés J.-B.-E. Dumangin ; P.-J. Pelletan ; P. Lassus; N. Jeanroy.

Nous tenons de M. Lasne , présent à l'ouverture du corps, que M. Jeanroy examinant le cerveau , s'écria que cet enfant devait avoir un grand caractère : En effet, ajoutait ce commissaire , il avait conservé de la dignité dans toutes ses manières , malgré le ton ignoble que Simon avait cherché à lui inspirer ; et ses premières manifestations de ne vouloir prendre aucun médicament, firent craindre à son gardien qu'il ne persistât dans cette intention avec autant de résolution qu'il en avait montré à ne point vouloir parler : il ne céda dans cette dernière circonstance que pour ne pas affliger des hommes qu'il reconnaissait lui porter un véritable intérêt.

M. Lasne nous a confirmé ce qui est annoncé dans le rapport du député Harmand , qu'il était à la connaissance de toutes les personnes attachées au service du Temple , que cette détermination de ne plus vouloir parler avait été prise par le jeune prisonnier, comme pour expier l'horrible déposition extorquée à l'innocence de son âge par des hommes consommés dans la perversité.

Nous avons aussi connu M. Gomin, commissaire spécial auprès de l'auguste sœur de Louis XVII, et tout ce qu'il nous a dit s'est trouvé parfaitement d'accord avec les détails que nous a donnés M. Lasne , son collègue.

Dans la *Vie du jeune Louis XVII*, nous n'avons mis en scène, s'il est permis de s'exprimer ainsi , auprès du captif malade pour le soigner à ses derniers momens que M. Pelletan ; cela provient de ce que d'abord nous ne parlâmes qu'à ce chirurgien résidant à Paris , et que nous ne vîmes que par la suite M. Dumangin , habitant une propriété à lui appartenant à Saint-Prix , dans la vallée de Montmorency. Dans ledit ouvrage on lit donc :
« M. Pelletan ne craignit point de se compro-
« mettre, en blâmant les gardiens de n'avoir point
« fait disparaître ces grilles qui fermaient les fe-
« nêtres , d'avoir laissé subsister ces énormes ver-
« roux , dont le bruit horrible portait toujours
« dans l'ame du prisonnier une épouvante invo-
« lontaire , en rappelant sans cesse à son imagi-
« nation tous les tourmens qu'il avait endurés dans
« cet affreux séjour , et qui l'avaient conduit à
« l'état déplorable où il se voyait réduit. L'esti-
« mable chirurgien, pénétré d'une noble indigna-
« tion , s'exprimait avec chaleur sur ce sujet ; le

« jeune prince lui fit signe d'approcher , et le pria
« de parler plus bas : *Je craindrais*, lui dit-il, *que*
« *ma sœur ne vous entendît, et je serais bien*
« *fâché qu'elle apprît que je suis malade, parce*
« *que cela lui ferait de la peine.* Cette préve-
« nance , cette attention délicate , annoncent jus-
« qu'à quel point cet enfant précieux possédait une
« ame aimante et sensible. M. Pelletan en fut at-
« tendri aux larmes. Il prit sur lui d'ordonner
« toutes les mesures qu'il jugea propres à répandre
« quelque baume consolateur dans le cœur de
« cette innocente victime. » On lit encore « qu'a-
« près une faiblesse extraordinaire qui annonçait
« sa fin prochaine, le malade revenu un instant à
« lui , fit un dernier effort pour sortir son bras
« du lit et le présenter à M. Pelletan, qui appliqua
« ses lèvres sur la main du prince , en l'inondant
« de ses larmes..... que M. Pelletan fut le rédacteur
« du procès-verbal d'ouverture du corps , et que
« l'original se trouve entre ses mains...... Enfin ,
« qu'il profita d'un moment de distraction de ses
« collègues , pour dérober le cœur de l'infortuné
« prince. »

M. Dumangin écrivit à M. Pelletan une lettre
qu'il nous envoya par duplicata, et que voici :

Saint-Prix , 1er mai 1817.

« J'ai reçu hier, Monsieur, une visite de M. Antoine (de Saint-Gervais), qui est venu me demander
des renseignemens sur les derniers jours de la maladie du jeune et malheureux Louis XVII. Il m'a
communiqué la relation que vous lui en avez faite ,
et qu'il a consignée dans un ouvrage réimprimé en

1816, son désir et son dessein étant, m'a-t-il ajouté, de réparer dans une nouvelle édition l'oubli qu'avait occasioné son ignorance des soins que j'ai donnés conjointement avec vous à cet auguste enfant.

« Votre narration, Monsieur, m'a sensiblement affligé pour vous, qui paraissez seul, lorsque des devoirs communs nous ont appelés constamment ensemble au Temple.

« Je rends justice à votre cœur; vous y avez puisé les égards pleins de sensibilité et de respect que le lieu et les circonstances pouvaient permettre envers un trop intéressant malade : je les ai partagés, et mon ame, à cet égard, est satisfaite de ses souvenirs.

« Pourquoi, Monsieur, avez-vous oublié de me nommer ? Le rapport du député Sevestre énonce que nous avons été nommés vous et moi après la mort de Dessault; nos bulletins signés de nous deux doivent être aux archives ; le procès-verbal qui termina nos douloureuses et tristes fonctions porte en tête mon nom, il dit que nous nous sommes adjoint MM. Jeanroy et Lassus; il ajoute que deux d'entre les signataires donnaient des soins depuis quelques jours au prince : de ces deux, j'en suis nécessairement un. Mais j'avoue que si j'eusse été présent lors de la rédaction que j'ai sous les yeux, vous auriez eu grand embarras à détailler vos reproches aux gardiens, vos discours, et le baiser que je ne vous ai pas vu poser sur la main du roi mourant.

« Vos soins, Monsieur, j'aime à le répéter, ont

été ceux d'un homme instruit et probe : nous les avons rendus aussi doux qu'il nous a été possible près d'un enfant qui , au milieu de ses souffrances, a conservé jusqu'à la fin sa connaissance et un caractère de douceur inaltérable.

« Vous avez cru , Monsieur , pouvoir accuser, sans inconvénient, de distraction, moi et MM. Jean-roy et Lassus , dans le moment où vous dites avoir soustrait une partie précieuse du jeune Roi. Qu'a-viez-vous donc à redouter de ma part et de celle de nos confrères ? Rien. Vous m'aviez , à la vérité , proposé d'autres adjoints , et sur mon observation que d'après les qualités personnelles et les rapports qu'avaient eu M. Lassus avec mesdames de France , et M. Jeanroy dans la maison de Lorraine , leurs signatures seraient d'un tout autre poids, vous aviez agréé ce choix. Ce qui vous aurait pu déterminer n'était-il pas plutôt l'œil des gardiens, retirés dans un coin de la chambre? Votre conduite en elle-même louable, vous rend coupable, j'ose le dire, de la faute grave d'avoir négligé des témoignages qui laissent exister un doute sur un point de fait de cette importance.

« Enfin, vous vous donnez pour rédacteur du procès-verbal, ce qui est d'un bien petit intérêt : dans le vrai, vous n'y avez eu que votre part comme chacun de nous. Il en a été fait un original quintuple , chacun signé de nous quatre ; il en a été envoyé un au comité de sûreté générale ; MM. Las-sus , Jeanroy, vous et moi, nous avons conservé le nôtre.

« Je dois, Monsieur, à la vérité et à moi-même,

de vous adresser ces reproches, et j'envoie le double de cette lettre à M. Antoine (de Saint-Gervais), dans la démarche duquel j'ai vu quelque chose d'officiel, en le priant comme auteur de rectifier l'exposé des faits.

« Croyez cependant, Monsieur, que je conserve à votre égard d'anciens sentimens d'estime, et la considération que vos talens, vos places et votre réputation inspirent. »

M. Pelletan répondit à M. Dumangin la lettre suivante, dont il nous envoya également le duplicata :

« Je serais au désespoir, Monsieur, d'avoir encouru le moindre des reproches contenus dans la lettre que vous m'adressez. Voici les faits dont j'ai la preuve entre les mains :

« Par une lettre du 17 prairial, le comité de sûreté générale me chargea de continuer *au fils de Capet* les soins qu'il recevait de Dessault qui venait de mourir. Cette lettre ne vous nomme pas.

« Je trouvai l'enfant en si fâcheux état que je demandai instamment qu'il me fût adjoint une autre personne de l'art, pour me soulager d'un fardeau que je ne voulais pas porter seul.

« Vous vous présentâtes chez moi le 19 prairial, comme étant nommé par le comité ; et nous allâmes ensemble visiter l'auguste enfant. Mon avis fut qu'il finirait le lendemain ; mais vous en conçûtes plus d'espérance.

« N us convînmes que j'irais le visiter le lendemain à mon heure ordinaire (sept à huit heures), et vous y allâtes vers onze heures...

« Vous ne pouvez donc ni attester ni nier ma conduite dont vous n'avez pas été témoin ; non plus que ce que me dicta ma sensibilité native, et dont je donnai à l'auguste enfant le simple témoignage que j'aurais pu donner à tout autre dans la situation touchante où il était.

« Nous procédâmes tous quatre à l'ouverture du corps, *dont je fis seul l'opération*. Je n'ai certainement pas voulu vous inculper ou vous accuser de distraction en disant que m'occupant seul de réparer le corps, vous, vous retirâtes dans l'embrâsure d'une fenêtre, et que je profitai du moment pour m'emparer de quelques restes précieux.

« Vous ne vous aperçûtes pas de mon larcin, parce que je le cachai bien à tous. Vous savez qu'il pouvait y aller de ma vie, s'il eût été découvert : vous me demandez cependant si je ne pouvais pas me fier à vous ?... non, Monsieur, à personne. J'en fis part seulement à M. Lassus, mon ami depuis vingt-cinq ans, et qui avait accompagné *Mesdames* en Italie : nul autre ne l'a su. Voilà, Monsieur, ce que vous dites qui me rend coupable.

« J'ai cité votre nom à tous ceux à qui j'ai parlé de l'évènement. Le procès-verbal fait foi de votre présence ; il y est dit que deux d'entre nous reconnurent l'enfant auquel ils donnaient des soins depuis quelques jours ; ce qui ne peut désigner que vous et moi.

« Quel crime ai-je donc commis à votre égard ? je vous ai caché mon larcin... je l'ai caché à bien d'autres.

« Je suis sensible, Monsieur, aux complimens que vous me faites en terminant votre lettre. Mais je ne réclame que le caractère d'honneur et de probité dont je ne me suis jamais écarté. »

Nous possédons ces lettres écrites entièrement de la main de MM. Dumangin et Pelletan, et signées de chacun d'eux. Elles prouvent à ceux qui auraient pu en douter, que ces célèbres médecins ont eu la conviction pleine et entière que c'est bien au fils de Louis XVI qu'ils ont donné leurs soins, et non à tout autre enfant substitué en son lieu et place dans cette tour du Temple.

En mars 1816, M. le duc de Cazes, ministre de Louis XVIII, chargea le comte Anglès, préfet de police, de faire faire une *enquête rigoureuse* pour découvrir les restes précieux du jeune prince. Cette enquête fut faite avec une excessive négligence, et elle ne produisit rien. Si l'on avait recherché et consulté M. Damon ainsi que M. Lasne, qui ont assisté à l'enterrement du jeune prince, on aurait obtenu un résultat satisfaisant. M. Lasne nous a affirmé que le cercueil a été placé dans une fosse préparée exprès à une certaine distance de l'angle d'une muraille, ce qu'il a soigneusement remarqué. S'il avait été appelé lors de l'enquête, accoutumé par état à la toise des bâtimens ou terrains, il eût indiqué positivement la place où la fosse avait été creusée.

La découverte de la dépouille mortelle de Louis XVII eût été d'autant plus précieuse, que les honneurs funèbres qu'on lui eût rendus eussent ôté à l'astuce de quelques intrigans, à la folie

de quelques individus, et surtout à la malveillance, tous moyens de prétendre que le jeune
prince a été enlevé de la tour du Temple, et qu'il
existe. Nous ne sommes point le seul ami de la
royauté qui eût désiré voir rendre à Louis XVII
les honneurs funèbres dus à son titre royal. Le
digne prélat qui se trouvait à la tête du clergé de
la capitale, s'écriait dans son mandement du
21 janvier 1817 : « O vous ! jeune monarque, qui
eûtes pour fidèles sujets les cœurs des vrais Français ; qui ne régnâtes que dans des cachots, ayant
pour couronne et pour sceptre les fers dont les
rebelles vous surchargèrent presqu'au berceau ;
fils du roi-martyr ! dont le nom sert à constater
sans aucune interruption la légitime succession de
la dynastie régnante ; jeune prince pour qui la
mort termina de bonne heure un règne de douleur, en abrégeant l'éternelle captivité que les ennemis des rois vous destinaient, ne viendrez-vous
pas aussi prendre votre place dans le tombeau de
vos pères ! »

Après que ce mandement eût paru, nous remîmes la note suivante au digne personnage qui
demeura volontairement enfermé dans la tour du
Temple, auprès de Louis XVI et de sa famille,
tant que les révolutionnaires voulurent bien ne
point le jeter dehors, au respectable baron Hue,
à qui Louis XVIII avait donné auprès de sa personne la même place que ce dévoué serviteur remplissait auprès du roi-martyr :

« Nous avons profité de la circonstance qui
nous a appelé auprès de M. Dumangin, pour

approfondir un fait que divers historiens de Louis XVII ont rapporté d'après nous qui en avons parlé le premier dans la vie de ce jeune prince, publiée en 1815.

« M. Pelletan nous avait dit avoir soustrait à la tombe le cœur de cet enfant-roi, et nous avons vu cette relique précieuse qu'il conserve avec un respect religieux.

« Quoique M. Dumangin continue d'avoir pour M. Pelletan les sentimens d'estime et la juste considération qu'il mérite par son talent, nous savons aussi néanmoins qu'il a eu quelques motifs d'être piqué contre lui. Ils ont coopéré ensemble à l'ouverture du corps de Louis XVII : en pressant donc M. Dumangin de nous dire avec franchise quel degré de foi l'on doit ajouter à cette soustraction du cœur dont M. Pelletan se fait un mérite personnel, nous étions sûr d'obtenir un témoignage qui ne serait point dicté par une confiance aveugle, ni par une servile complaisance.

« M. Dumangin atteste qu'à la fin de l'opération il a vu M. Pelletan envelopper soigneusement quelque chose qu'il mit dans sa poche. Il n'a nullement songé à ce que ça pouvait être, et il présume que ce chirurgien a pu juger convenable de faire alors un mystère de ce pieux larcin, non-seulement de peur de se compromettre, mais encore de compromettre celui qu'il en eût rendu le confident.

« Aujourd'hui, quoique rien ne puisse prouver physiquement que ce soit réellement le cœur de Louis XVII que M. Pelletan ait en sa possession, qu'il ne peut en donner d'autre garantie que sa parole, M. Dumangin, se rappelant ce qui s'est passé lors de l'ouverture du corps, dit que dans son ame et conscience, il est moralement convaincu de la vérité du fait.

« Nous croyons devoir faire connaître cette particularité, qui ne sera peut-être pas sans quelque intérêt aux yeux de notre auguste monarque, dans un moment où Sa Majesté reporte ses regards sur son jeune prédécesseur. »

L'auteur des Mémoires du duc de Normandie n'a pas oublié dans son livre de faire valoir, en faveur du héros de son roman, la coupable insouciance des hommes du gouvernement des Bourbons. « Rien ne pouvait dispenser de célébrer mon « service funèbre, dit-il, puisque je figurais au « nombre des rois de France, et que j'étais censé « mort martyrisé et victime de la révolution. « Pourquoi ne l'a-t-on pas fait ? »

Pourquoi? parce que Louis XVIII eut le malheur de confier la majeure partie de son administration à des hommes dont le cœur ne battait point pour la restauration ; à des hommes qui prêtaient et reprêtaient serment de fidélité aux Bourbons, qui protestaient annuellement de leur amour pour la légitimité, comme des comédiens qui jouent un rôle.

Nous relèverons encore une sottise de l'auteur des Mémoires du soi-disant duc de Normandie. Après les trois fameuses journées de juillet, le héros de son roman se rend chez le duc de Bourbon, et lui tient un discours par lequel il voudrait insinuer que ce noble fils du prince de Condé a tenu

jadis des propos outrageans ou au moins inconsi-
dérés sur la reine Marie-Antoinette. C'est une dif-
famation révoltante, dont toute la honte doit re-
tomber sur le romancier qui l'invente. Nous avons
eu l'honneur de connaître monseigneur le duc de
Bourbon, et nous étant entretenu avec lui des infortunés prisonniers du Temple, nous avons été à
même de reconnaître sa profonde vénération pour
l'auguste épouse du roi-martyr. Nous avons été
convaincu en outre qu'il n'avait jamais douté que
le fils de Louis XVI eût succombé dans la fatale
tour, sous le poids des mauvais traitemens des révolutionnaires de 1789, de ces féroces persécu-
teurs de la royale famille des Bourbons.

Peu de temps avant qu'un spéculateur ait songé
à nous donner ce roman, sous le titre de Mémoires,
un sieur Labreli de Fontaine, bibliothécaire de
feue madame la duchesse d'Orléans douairière,
avait publié une brochure, intitulée : *Révélation
sur l'existence de Louis XVII, duc de Normandie*.
Les détails contenus dans cette révélation lui ont
été fournis par le duc de Normandie lui-même, et
ce qu'il y a de curieux, c'est qu'ils sont en contra-
diction manifeste avec ceux contenus dans les Mémoires ; ce qui ajoute encore aux solides bases de
notre réfutation. Ces deux ouvrages sont écrits
dans ce même système déshonorant pour ceux qui
le suivent, d'atroces calomnies contre des princes
qui appartiennent déjà à l'histoire, et qui ont eu
pour juges les hommes les plus recommandables
comme les plus célèbres parmi les publicistes. Le
sieur Labreli ose insinuer que le crime de Louvel

fut le résultat d'une combinaison de Louis XVIII, parce que le duc de Berri réclamait des secours et une possession d'état pour le soi-disant duc de Normandie. Rien de plus monstrueux comme de moins fondé qu'une si horrible insinuation. Nous avons connu Louvel aussitôt après qu'il eut commis son assassinat; nous avons scruté jusqu'au plus petit replis de son ame, si l'on peut s'exprimer ainsi à l'égard d'un criminel qui n'a jamais laissé entrevoir la possibilité d'élever le plus léger doute sur le motif de sa coupable action : ce motif, c'était la haine des Bourbons, haine puisée dans les discours et les écrits des hommes qui avaient vu la restauration avec *répugnance*. Cette haine seule , et poussée jusqu'au fanatisme, a armé son bras d'un poignard : il eût voulu tuer toute la famille, et il s'était attaqué au plus jeune pour en détruire la souche. Nous fûmes le premier qui, le lendemain de la douloureuse nuit du 13 février, apprîmes à l'assassin que son crime n'atteindrait peut-être pas le but qu'il s'était proposé , la duchesse étant enceinte, et Dieu pouvant favoriser assez la France pour que cette auguste veuve donnât le jour à un fils. C'est à nous que le meurtrier, stupéfait d'une telle annonce, répondit ces paroles sanguinaires , rapportées dans notre *Histoire des Émigrés Français :* « Si j'avais su cela , j'aurais commencé par « elle. »

Le sieur Labreli aurait dû éviter d'écrire des infamies contre la dynastie royale, ne fût-ce que par respect pour la mémoire de madame la duchesse d'Orléans douairière , sa bienfaitrice ; car cette respectable princesse, mère de Louis-Philippe Ier, était de la royale branche des Bourbons.

Nous nous plaisons à le répéter, nous croyons avoir travaillé dans l'intérêt de la patrie et pour l'honneur du nom français, en prouvant qu'il est des écrivains toujours prêts à repousser les lâches calomnies d'hommes qui s'efforcent en vain de jeter de l'odieux sur le beau nom des Bourbons. Ce nom fera sans cesse la gloire de notre pays. Pour ne citer que les rois contemporains, nous dirons que Louis XVI l'a sanctifié, et que son frère Louis XVIII, par sa conduite grande et noble sur le sol étranger pendant ses vingt années de proscription, a prouvé au monde entier que les disgraces ne pouvaient en ternir l'éclat. Quoique déplacée de son trône, la branche aînée des Bourbons n'en conserve pas moins des cœurs fidèles et justes appréciateurs de ses mérites. Respectons son malheur. Au sein des plus terribles adversités, les grands de la terre peuvent encore, par des vertus héroïques, acquérir de l'illustration. Le temps, ce grand maître, nous révélera le jugement qu'il faudra porter sur la royale famille qu'une révolution nouvelle a replongée dans l'exil. Mais, au lieu de l'outrager par de lâches calomnies, ayons la bonne foi de convenir hautement que c'est seulement depuis que nous l'avons perdue, que la France se trouve écrasée sous le poids d'énormes impôts et d'une épouvantable misère.

FIN.

Paris, de l'Imprimerie d'A. PIHAN DELAFOREST, rue des Noyers, n° 37.

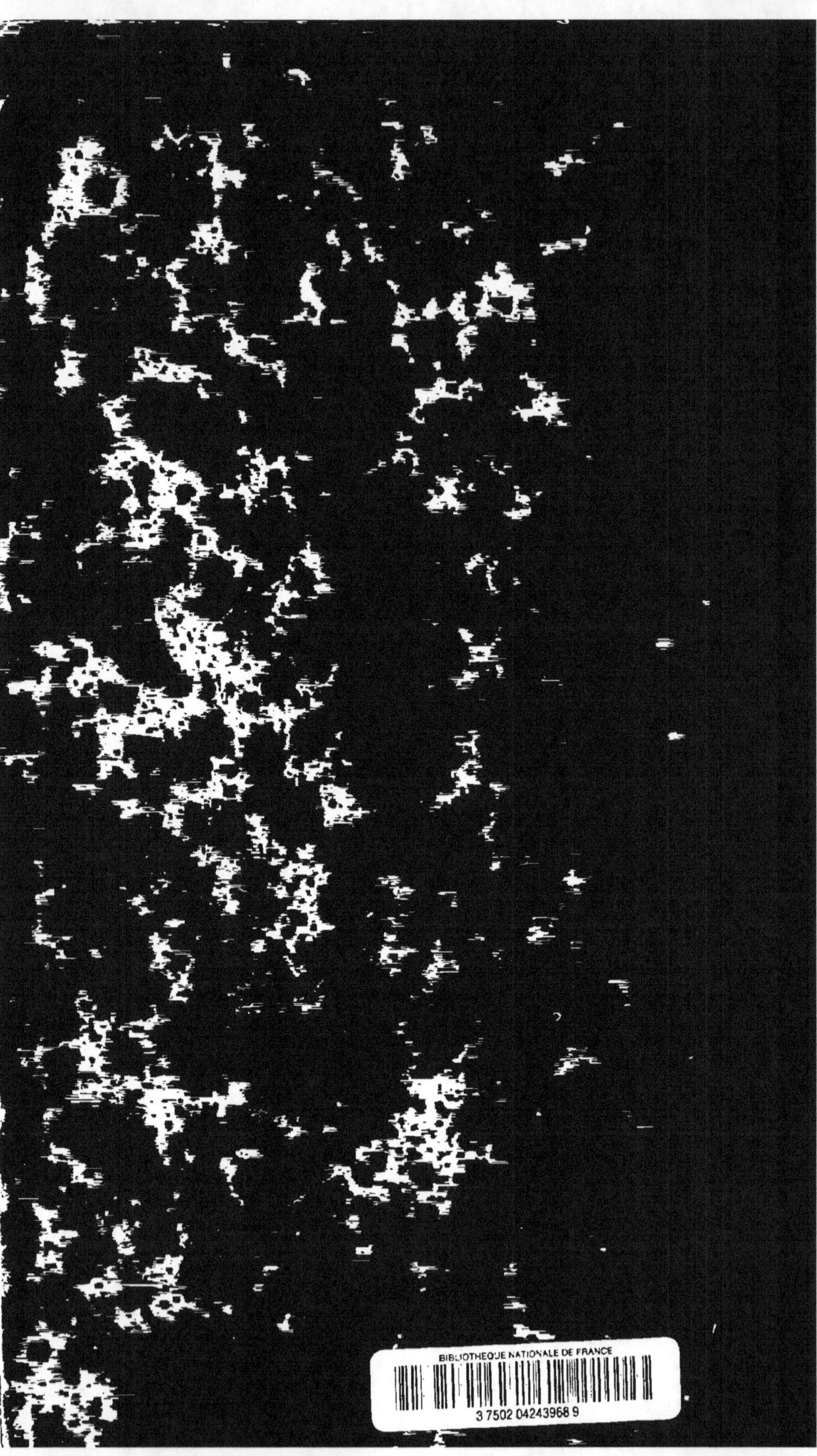